Littleport Colouring Book
1

Copyright ©2017 Jean Shaw

All rights reserved

ISBN-13: 978-1979618359
ISBN-10: 1979618356

Jean Shaw lives in Littleport

If you would like your own personalised colouring book,
please contact her on 07780365127

Visit her author page at
https://amazon.co.uk/Jean-Shaw/e/B001K8A1A0

(I wrote this poem a few years ago, BEFORE we lost our butcher, baker, bank, estate agent hardware store and wedding outfitter, so I apologise for it no longer being accurate.)

Set within the fenlands
Is the village I call home
Littleport's expanding fast
It certainly has grown

The locals are all friendly
And most will say "Hello"
They'll smile and pass the time of day
It wasn't always so

Back in the 1800's
That may not have been the case
For taxes led to riots
Causing havoc in the place

Some labourers went to prison
Five hung by their necks
Others went to New South Wales
Names changed to keep respect

Years have passed now senseless crime
Gives Littleport a name
Like vandalism, petty theft
By people with no shame

If punishments as years before
Were deportation, hanging, prison
These mindless individuals
Might have a different vision

Littleport's got a lot to offer
Has all the shops we need
Butcher, baker, grocer
Library for those who read

We have a new health centre
Optician, dentist too
Turf accountant if you want to bet
Tattoo parlour –yes that's true

We've a handy bank, Post Office
And a useful launderette
Sports centre, pubs and garages
And free parking don't forget

Two local schools and playgroups
A drop in centre too
Chapels, Halls, St. George's Church
To suit your point of view

If you're looking for a carpet
Hardware or DIY
Special gift or wedding suit
Main Street's the place to try

We've restaurants and takeaways
For all who like to eat
Hairdressers and chiropodist
For bad hair or troubled feet

There's an accountant if you need one
Solicitors as well
And even estate agents
If you've a house to rent or sell

We've a very pleasant river
Fire station that's just fine
And a useful railway station
Which serves the London line

As transport links get better
The employment's not just farming
Industrial parks are growing up
With a speed that's quite alarming

But still we have the rich fen soil
And dark and fertile means
Sugar beet, potatoes, wheat
Barley, oats and beans

Historically there's been an annual show
Where produce was displayed
But development's meant the site has gone
So locals are dismayed

For people came from miles around
To celebrate the day
Even Harley riders
From as far as USA

Yes, Littleport has quite a lot
For a village it's okay
It's where I chose to make my home
And where I'll likely stay

©Jean Shaw

THIS BOOK
BELONGS
TO

....

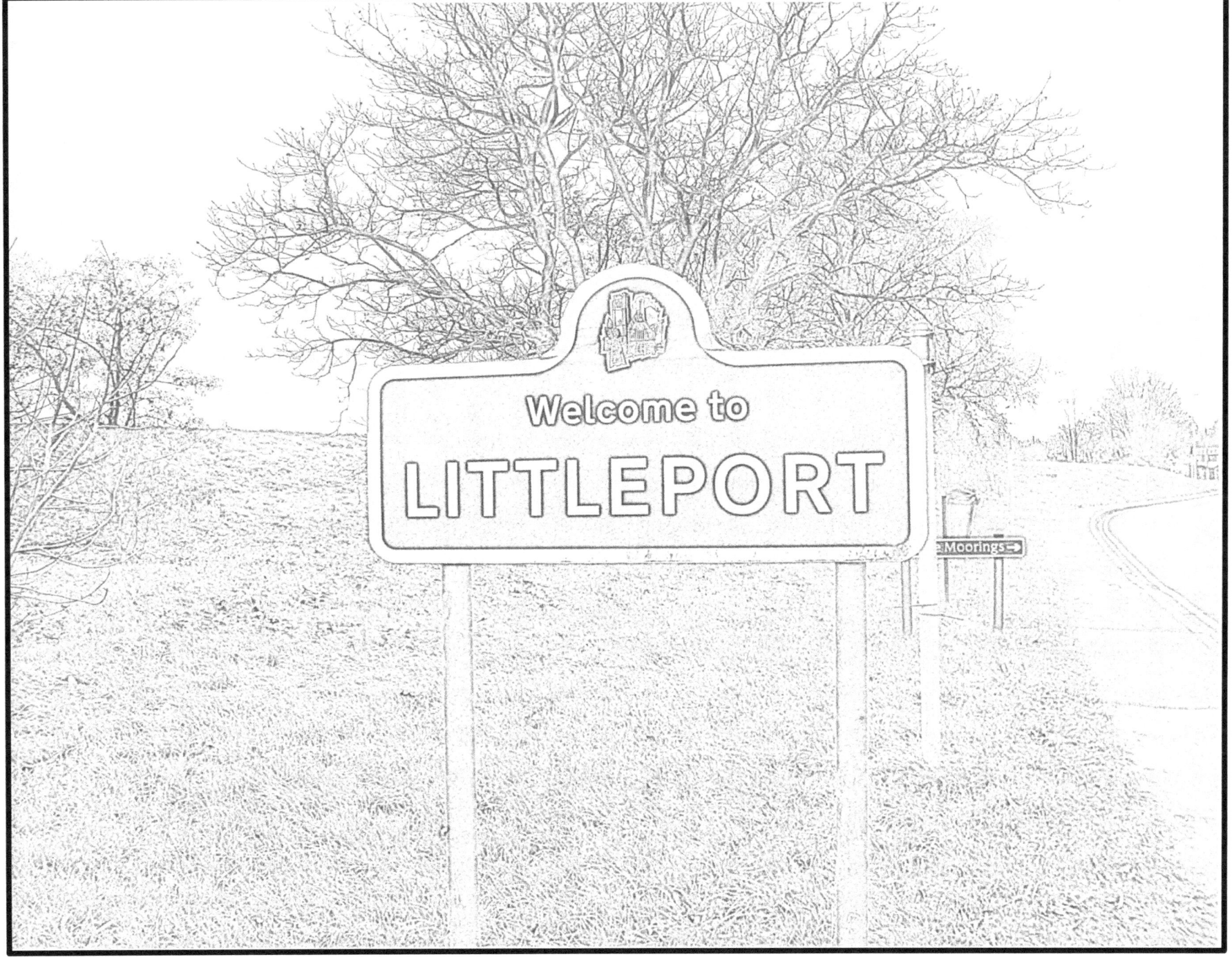

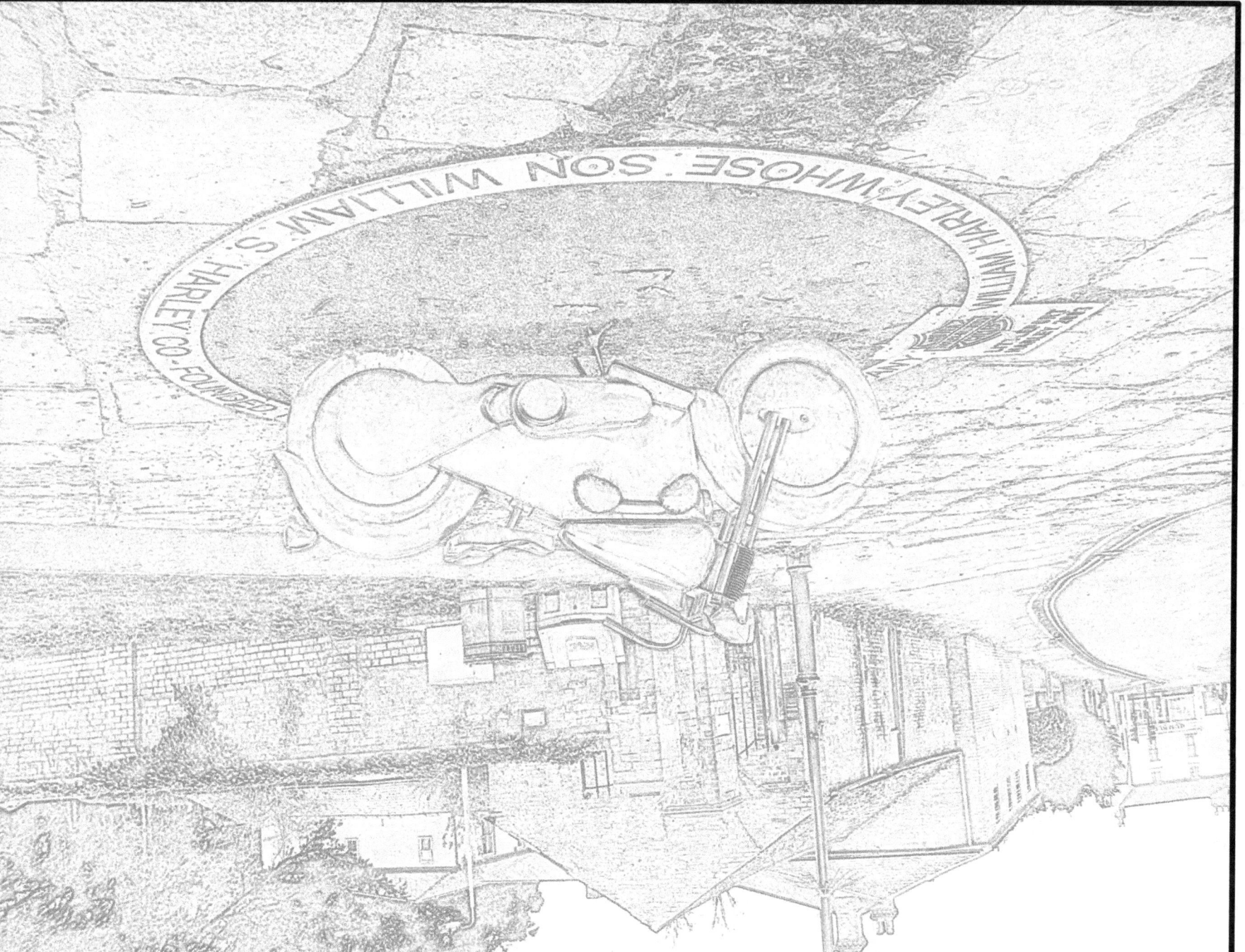

The following words can be found in the diagram below reading forward, backward, up, down and diagonally. Find the words and circle them.

convicts	rural
factory	swans
institute	silver
boathaven	barber
ypl	hope
harley	

```
Y B S I N S T I T U T E U L Y U
P B O I B A R B E R T U Z S W A
L E R A E W L X O I B M I C R Q
G L W N T E R Z C M B L F V K Y
R L C J P H Y U N N C O Z L Q Q
C X B R U R A L Y K F P K I B L
T H H D F Y O V I I E G D S T G
G T S X J U V L E T F Q I Q Z K
B S S I W Y H K G N Q P N T H G
A O A Y S M J M H Y V G N L O D
S L Z E F D R O Z P R V K W M A
I J G L I Q G X Q Y H O P E J A
L L R R V R F H G J S G T O W X
V S W A N S C V N Y G K K C H T
E Q P H J W M A V W A H O W A Z
R U D C O N V I C T S G D W M F
```

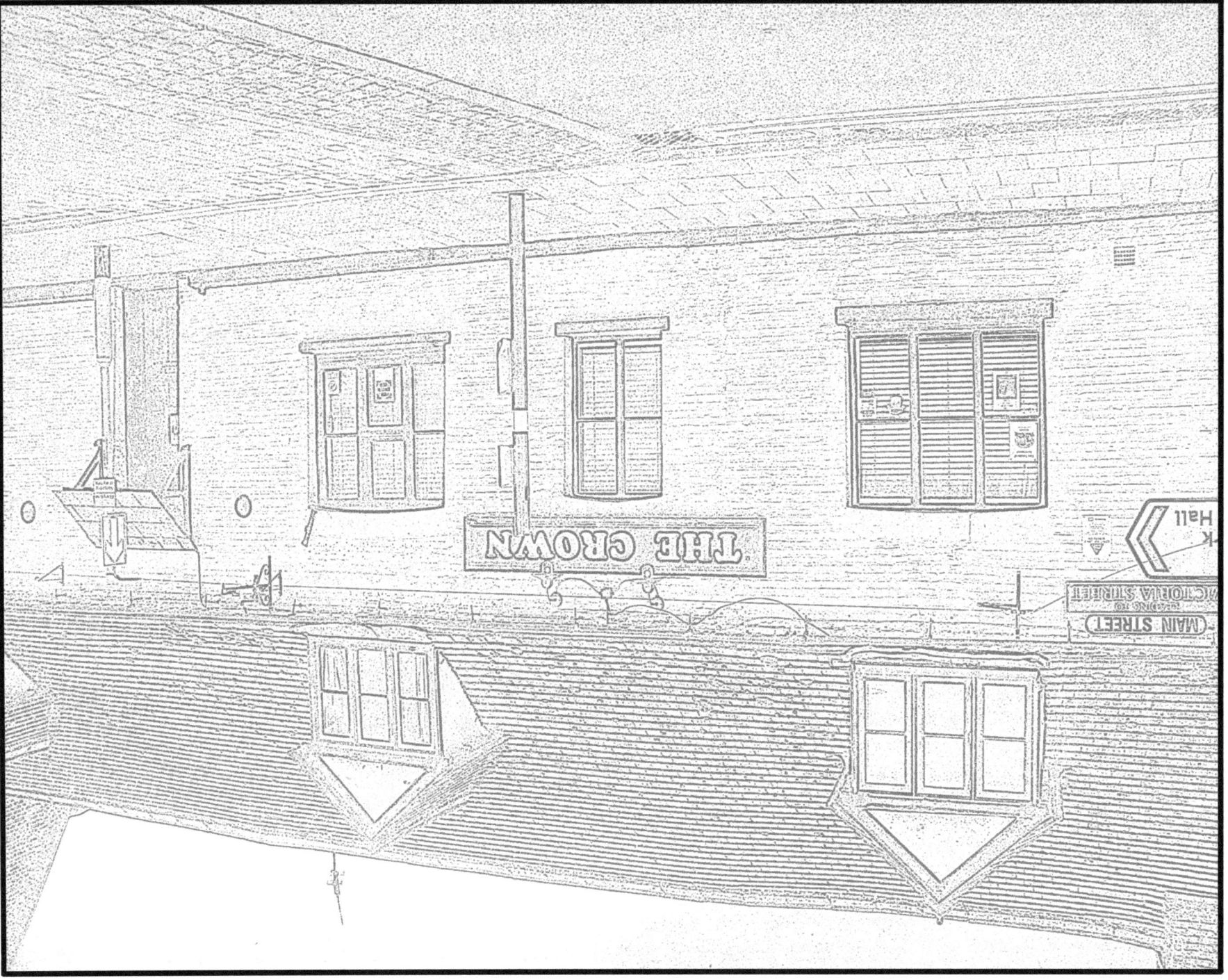

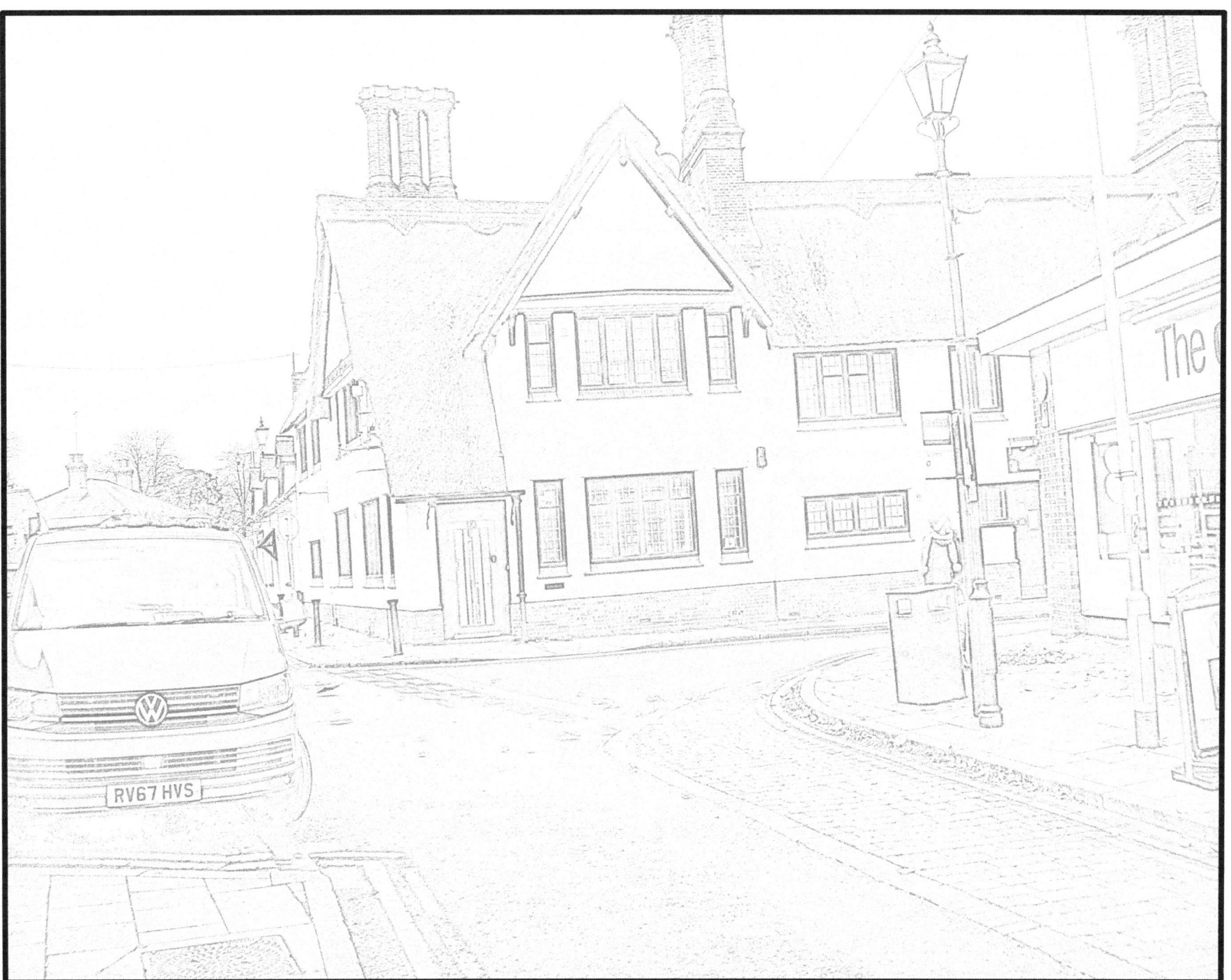

Each of these Cryptograms is a message in substitution code. THE SILLY DOG might become UJD WQPPZ BVN if U is substituted for T, J for H, D for E, etc. One way to break the code is to look for repeated letters. E, T, A, O, N, R and I are the most often used letters. A single letter is usually A or I; OF, IS and IT are common 2-letter words; try THE or AND for a 3-letter group. The code is different for each Cryptogram.

1. Sqy Vjssvyenbs Bjnsp zyby jt 1816

2. Ypk jtn asjfxjfmksz ar fju c
   Pksaycmk Lkfysk

3. Iajpj yjpj 215 eqzwhx adqkjk hc
   Whiiwjedpi hc 1900

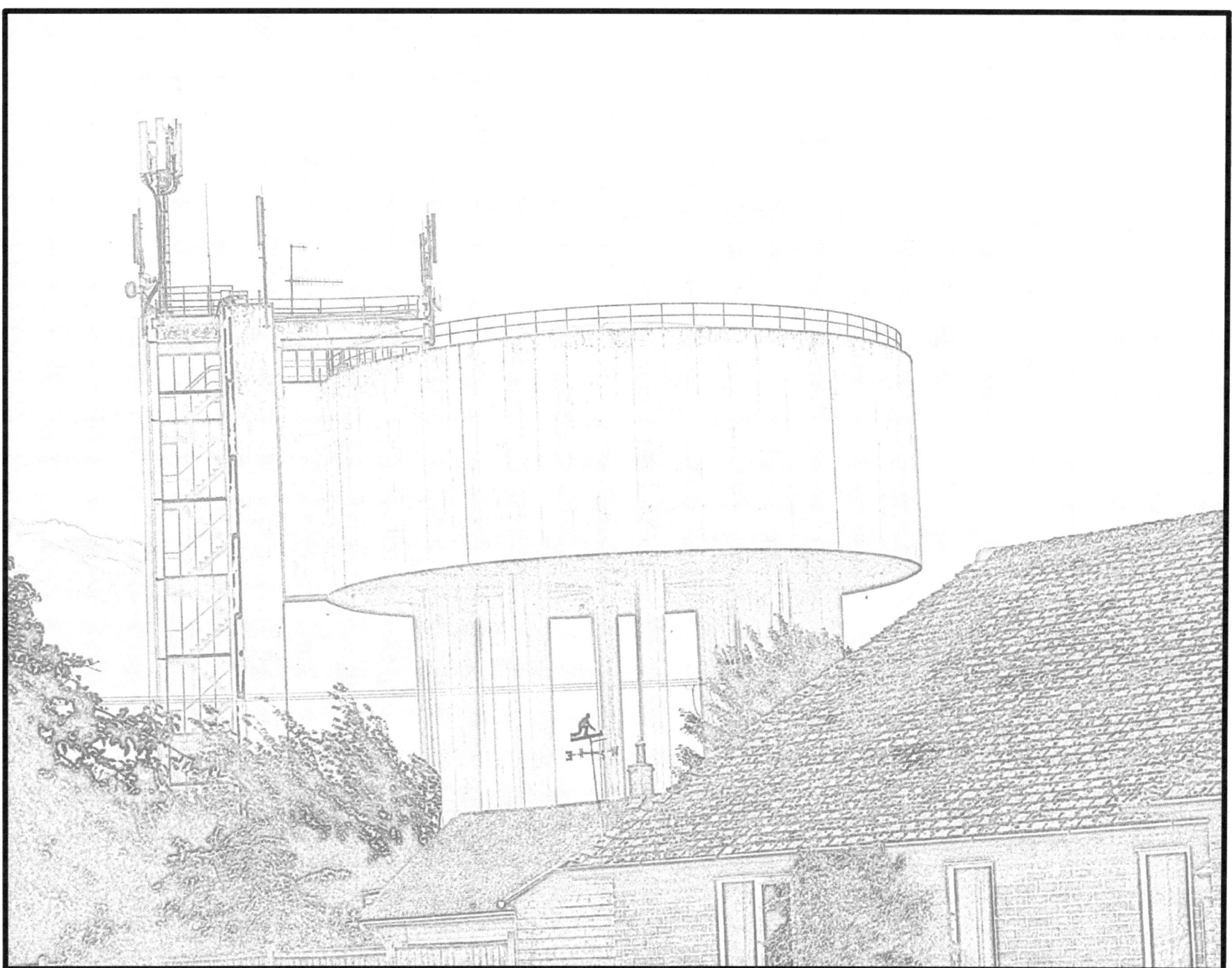

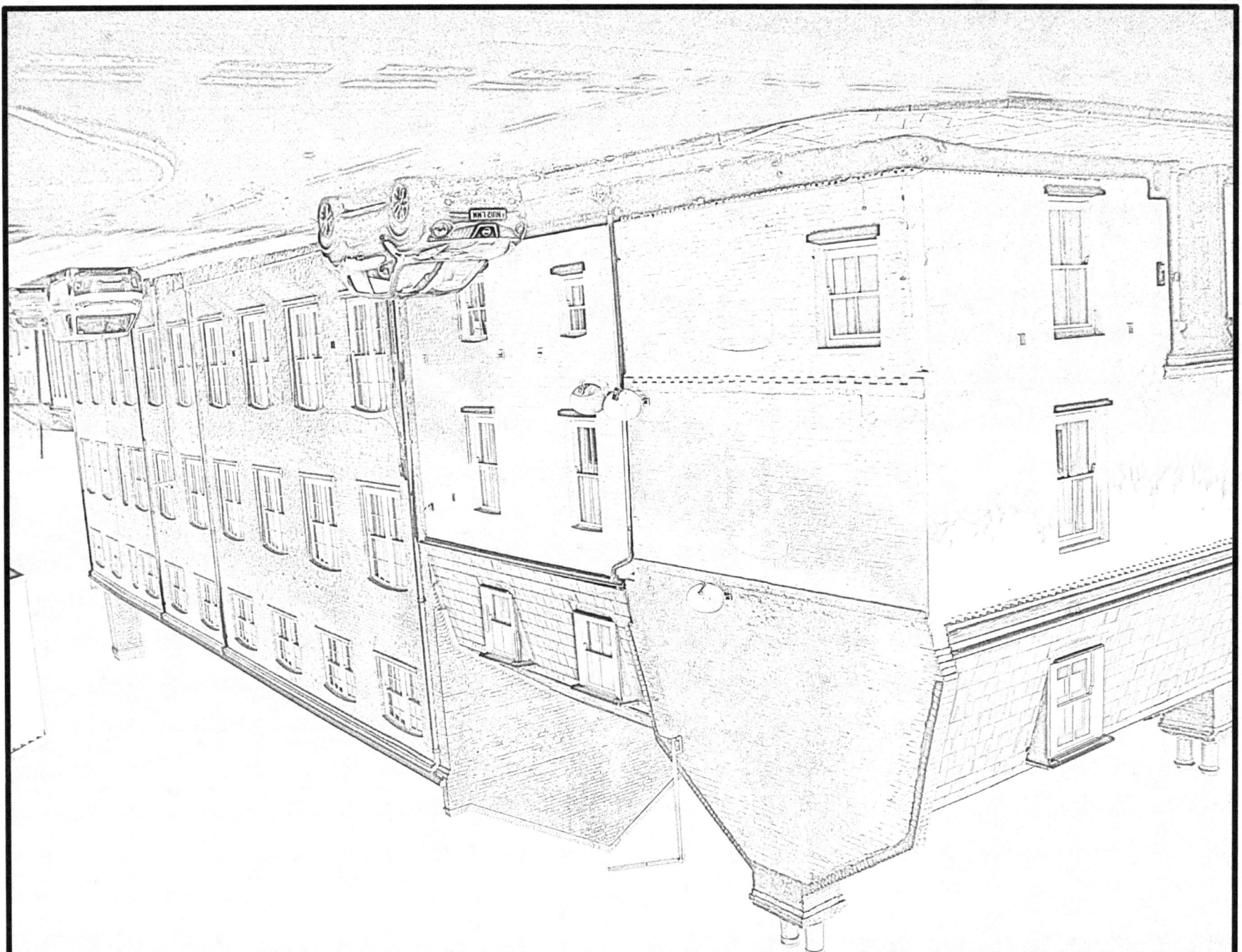

Insert a different letter of the alphabet into each of the 26 empty boxes to form words reading across. The letter you insert may be at the beginning, the end or the middle of the word. Each letter of the alphabet will be used only once. Cross off each letter in the list as you use it. All the letters in each row are not necessarily used in forming the word.

Example: In the first row, we have inserted the letter Z to form the word ENZYME

A B C D E F G H I J K L M N O P Q R S T U V W X Y Z̸

I	F	M	W	E	N	Z	Y	M	E	C	O	L
F	O	L	H	S	T		E	O	R	G	E	K
J	I	H	H	I	P		A	L	K	I	N	G
O	W	C	O	M	M		N	I	T	Y	B	O
B	D	T	C	I	S		O	P	S	R	Z	D
J	N	O	I	C	A		P	I	N	G	Q	A
E	F	U	N	N	G		I	L	L	A	G	E
Y	T	R	A	C	T		R	S	V	S	N	T
F	B	D	G	F	W		I	B	R	A	R	Y
X	F	P	U	A	N		I	O	U	S	Y	T
F	I	H	M	O	A		U	A	T	I	C	E
G	W	I	D	O	C		S	N	D	T	T	S
V	C	T	D	B	A		G	E	S	T	T	J
L	Y	A	H	G	Y		L	O	L	A	H	E
W	C	V	C	A	R		H	O	M	E	U	I
L	X	N	Z	P	R		N	T	I	N	G	P
O	S	F	L	O	O		I	N	G	F	V	I
T	V	X	P	E	N		O	I	N	Y	T	K
D	X	W	I	L	D		O	W	L	G	H	L
X	T	E	V	O	W		K	A	T	I	N	G
D	N	Z	H	S	W		N	S	Z	B	V	Q
F	E	A	T	R	A		S	P	O	R	T	U
W	I	D	I	S	A		I	L	I	T	Y	B
E	Y	C	H	U	R		H	W	U	T	X	K
Q	N	P	A	D	A		C	A	R	E	W	X
B	S	R	A	I	L		A	Y	C	E	L	G

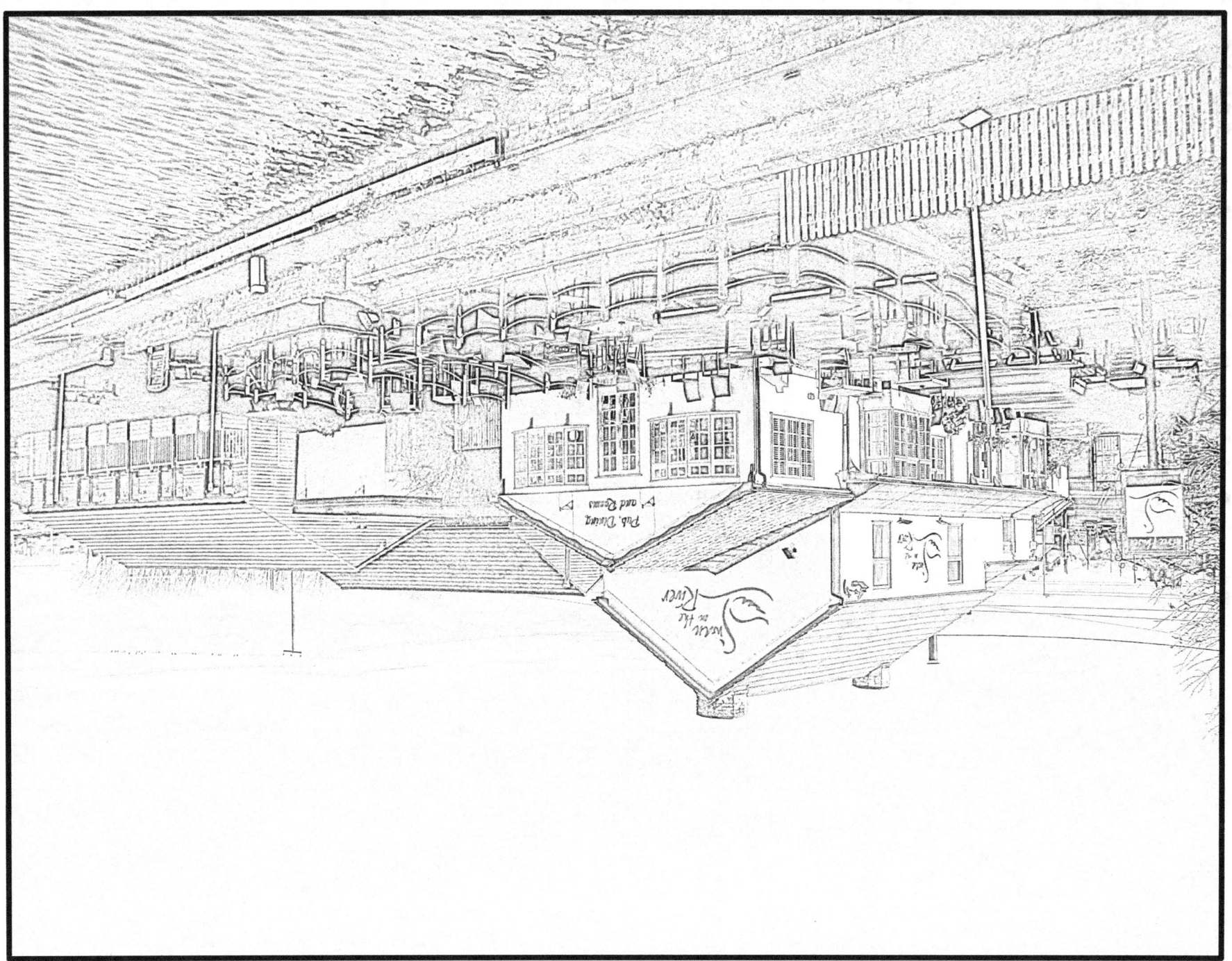

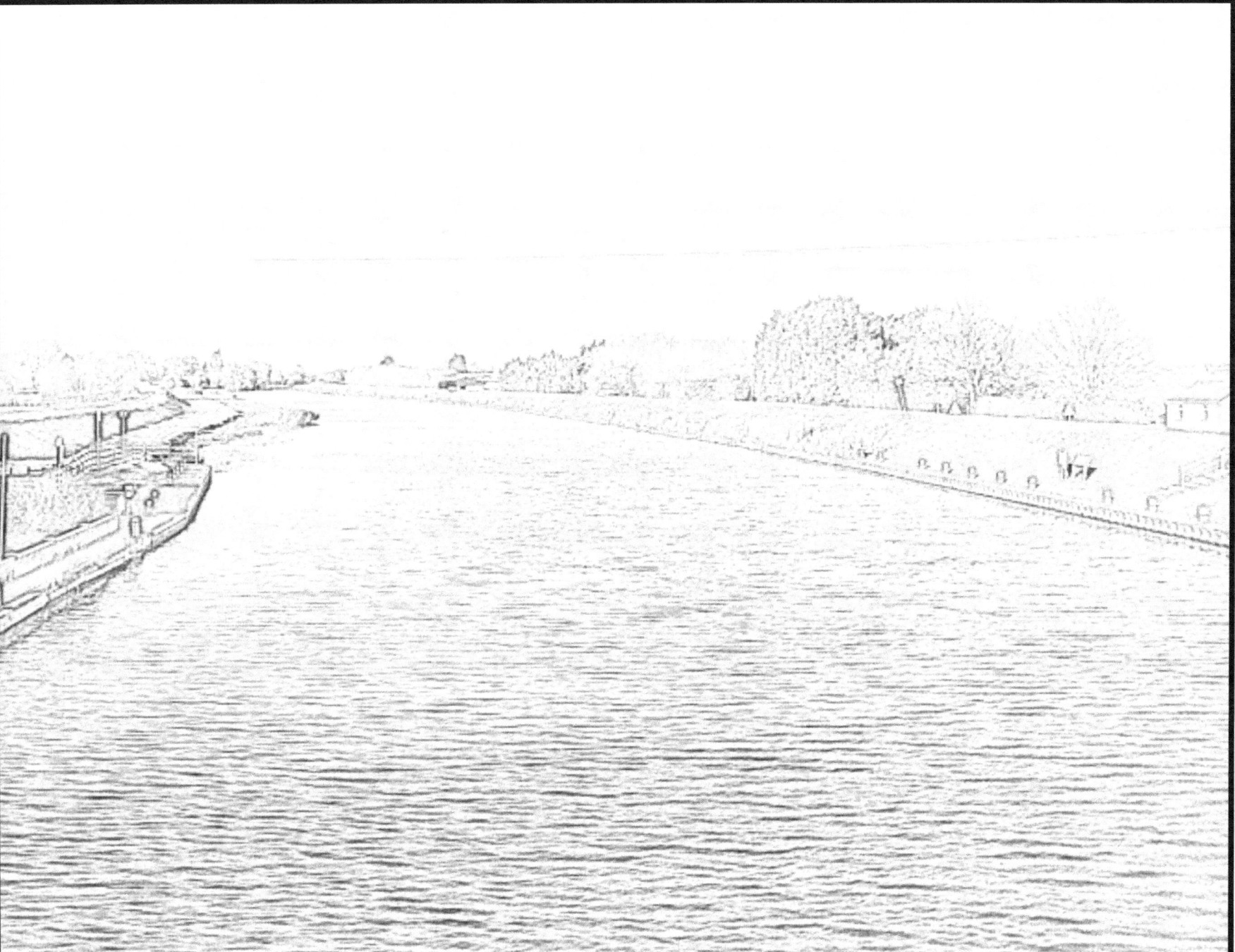

Form 5 different 5-letter words by using all the given letters and adding the letter in the Free Letter Box as often as necessary. Cross off each letter in the Letter Bank as you use it.

Free Letter

S

Letter Bank

a a b e g h i i
l n o o p r t t
t w

1. _____
2. _____
3. _____
4. _____
5. _____

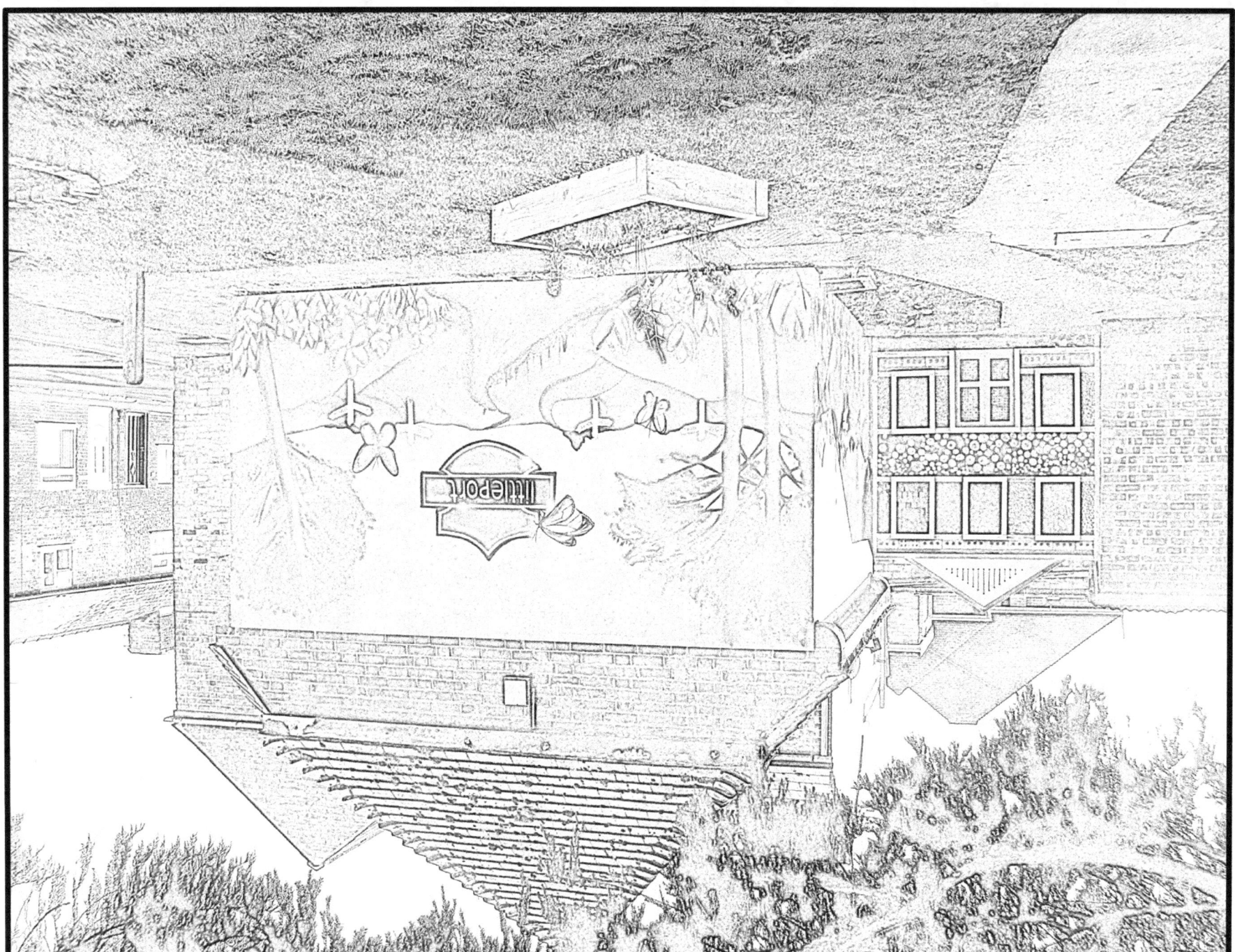

The spaces between the words in the following message have been eliminated and divided into pieces. Rearrange the pieces to reconstruct the messages. The dashes indicate the number of letters in each word.

```
WANO HEBL THES RIVE ACKH DTOB
RUSE NTHE ORSE ECAL LEDT
```

__ ___ ____ ___ ____ ____

__ _ ____ _____ ____ ___

___ ___ ___ ___ ___

____ ____ ____ __ ____

___ ___ ___ __ ____

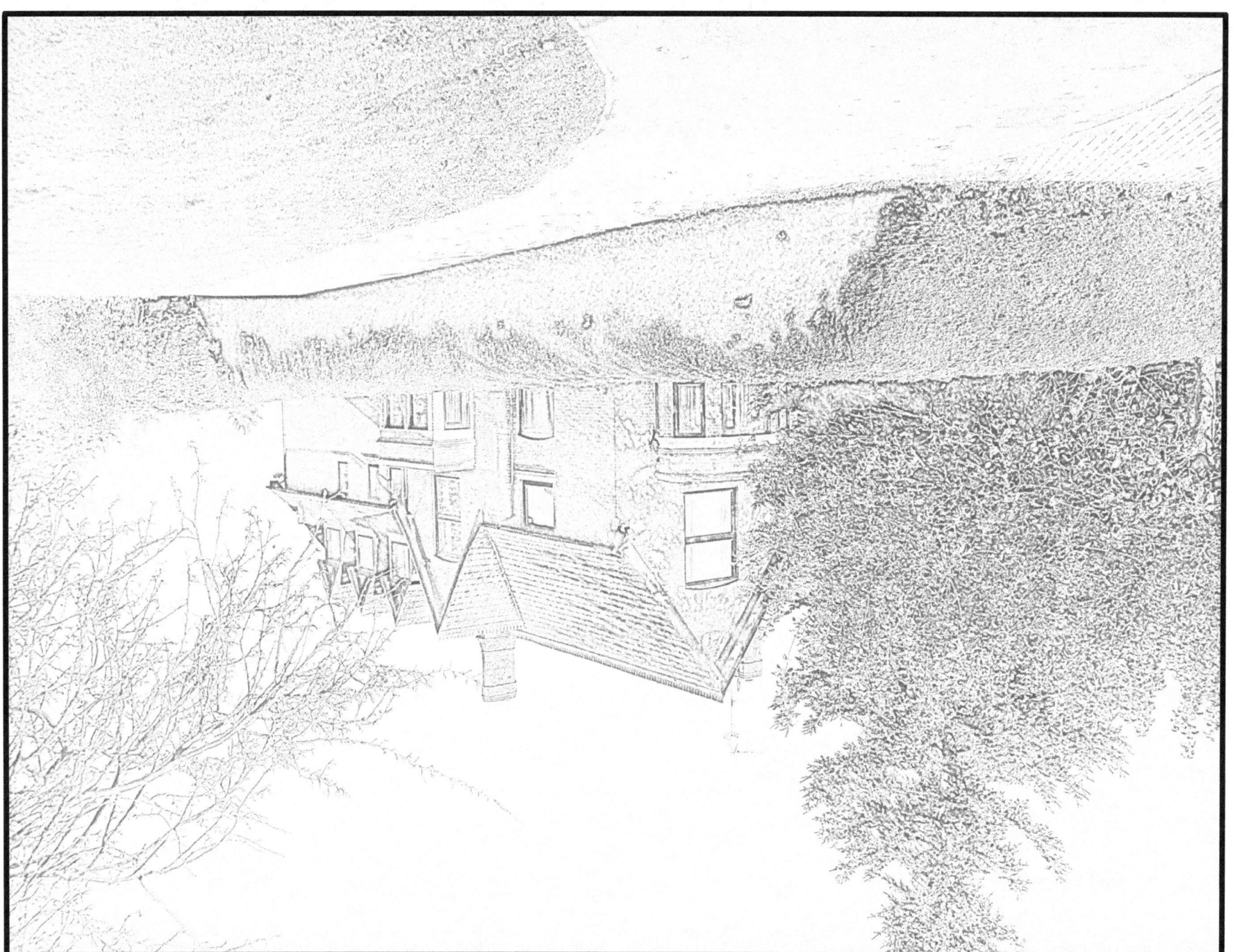

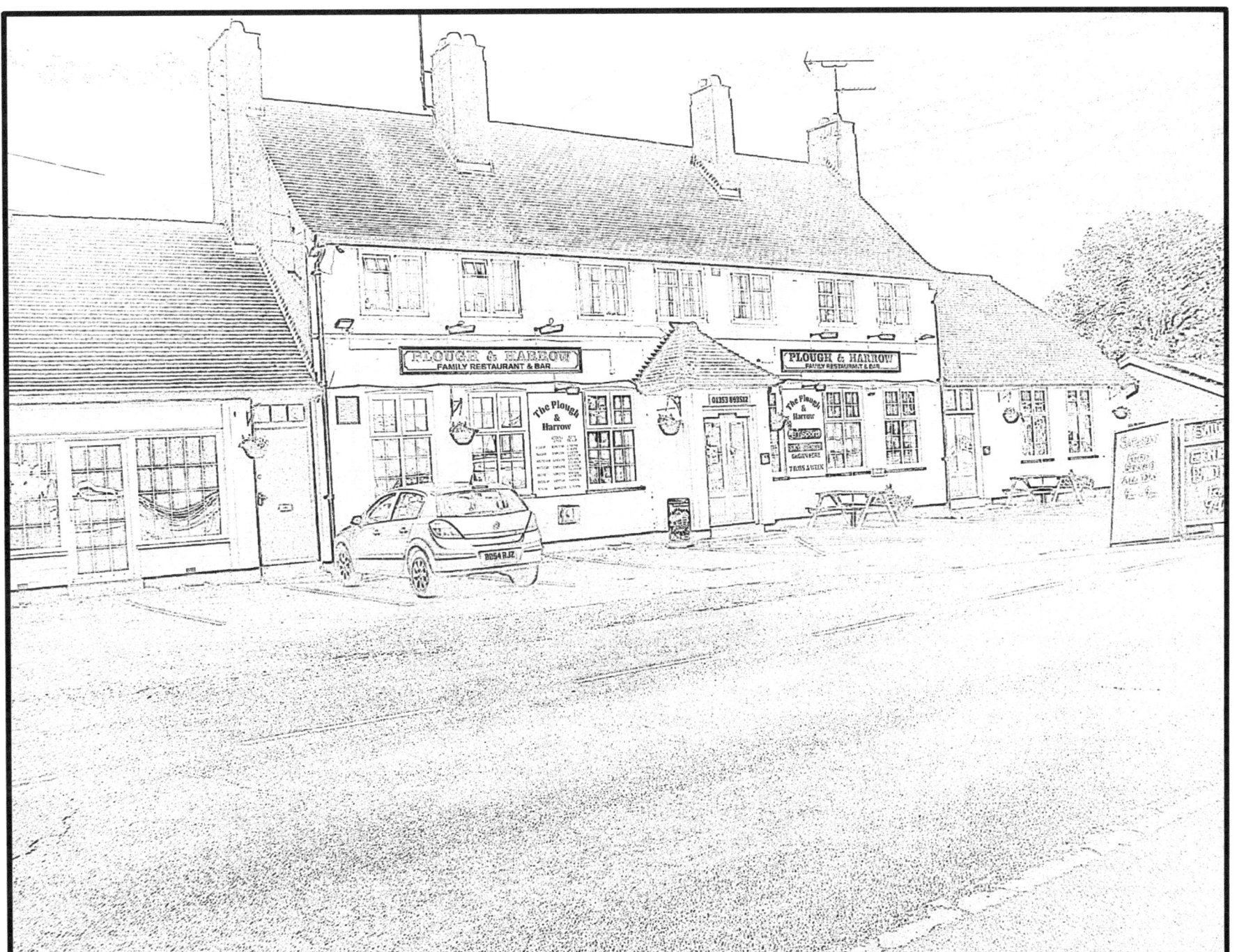

Each of the listed words fit in the diagram below. You just have to find where they fit in.

beer	harley	mere	silo
canoing	hope	muse	swans
combine	houseboats	nail	talk
curt	idle	news	tape
deli	institute	onions	tile
docks	keen	optometrist	toad
evangelical	leisure	polo	yoke
geese	lest	sass	

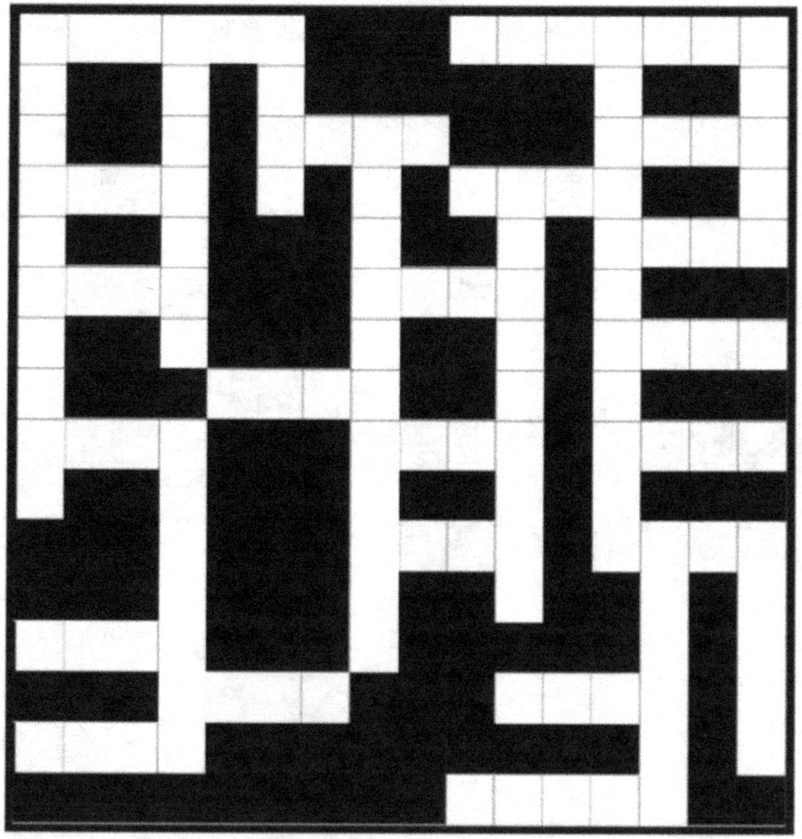

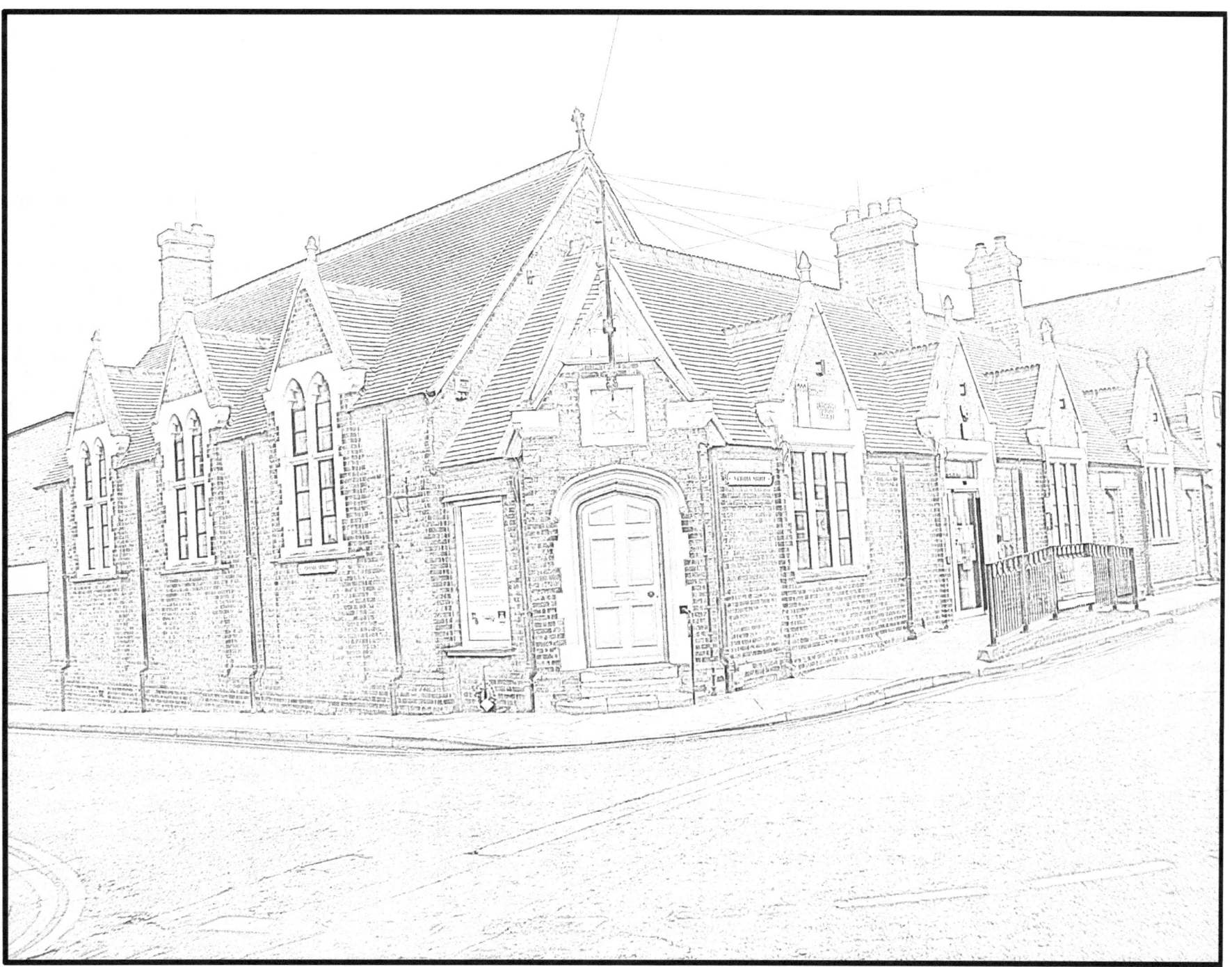

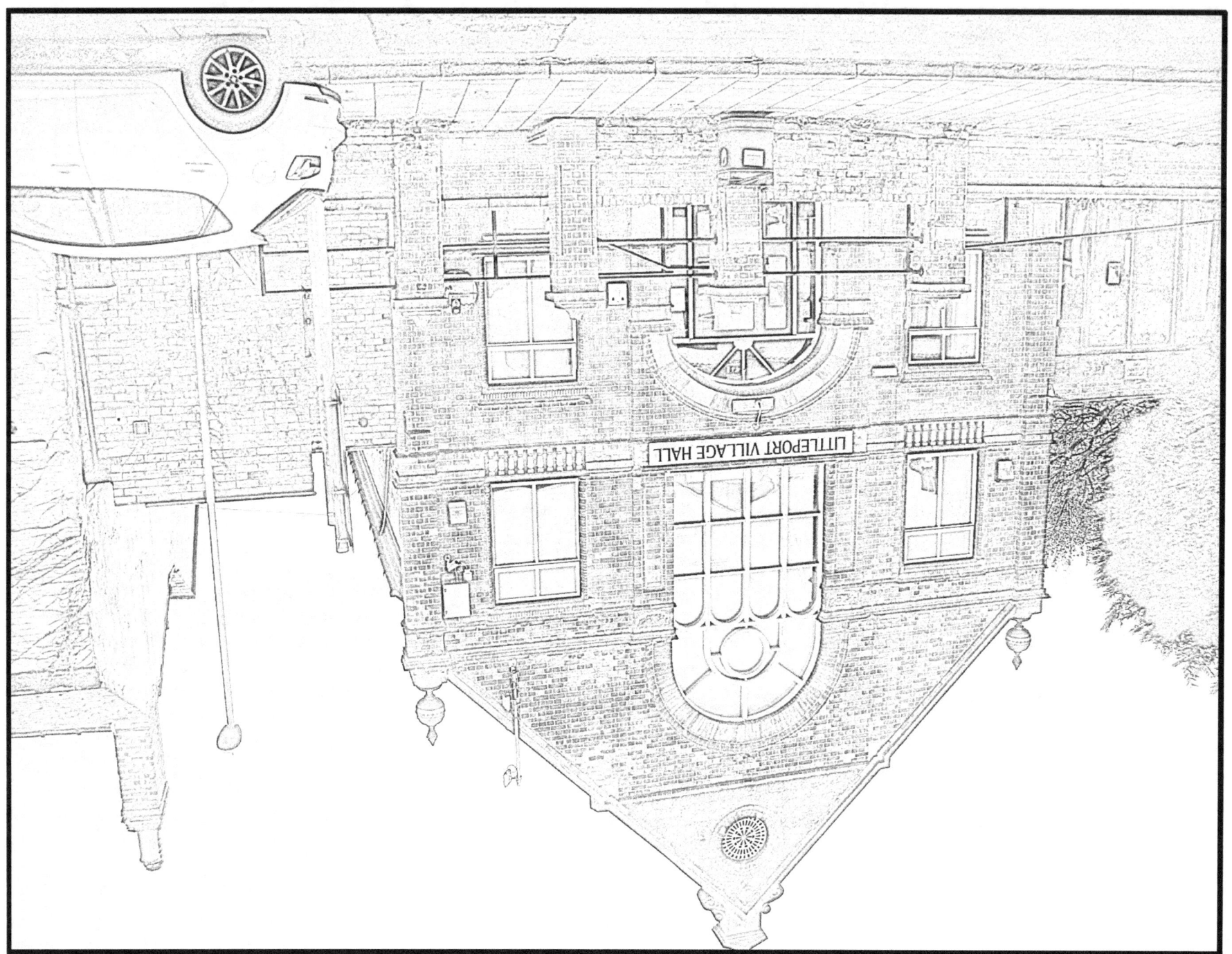

Each of these Crypto Words are writen in substitution code. SILLY might become WQPPZ if S is substituted for W, I for Q, L for P, etc. When you have identified a word, use the known letters to decode the other words in the list.

HINT: e=a

1. REHFQXB =

2. XEZPSEB =

3. HEUQZUA =

4. ELMEFZH =

5. TEBHEXO =

6. NQWO =

7. PZFFPOWQXF =

8. ZUJFZFMFO =

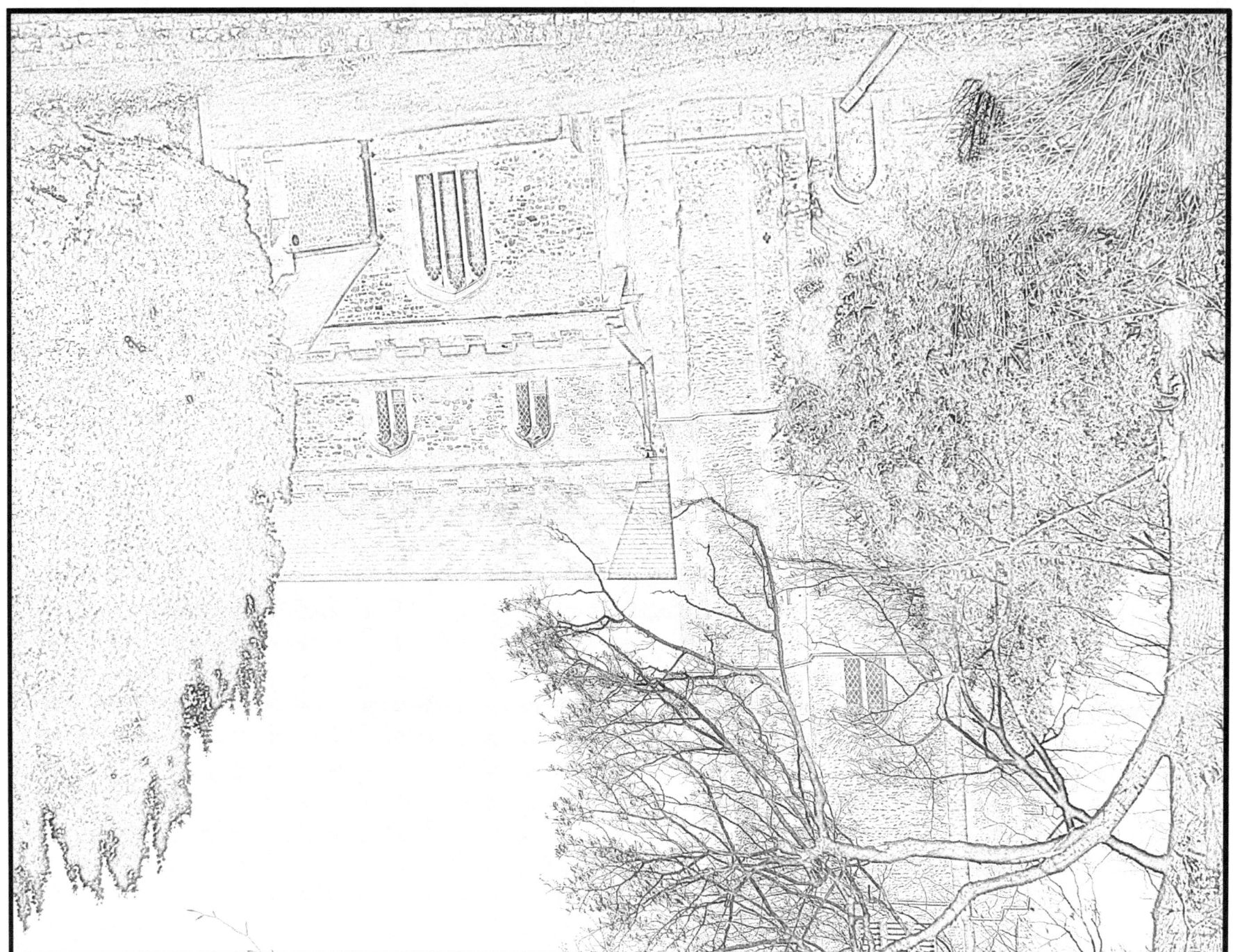

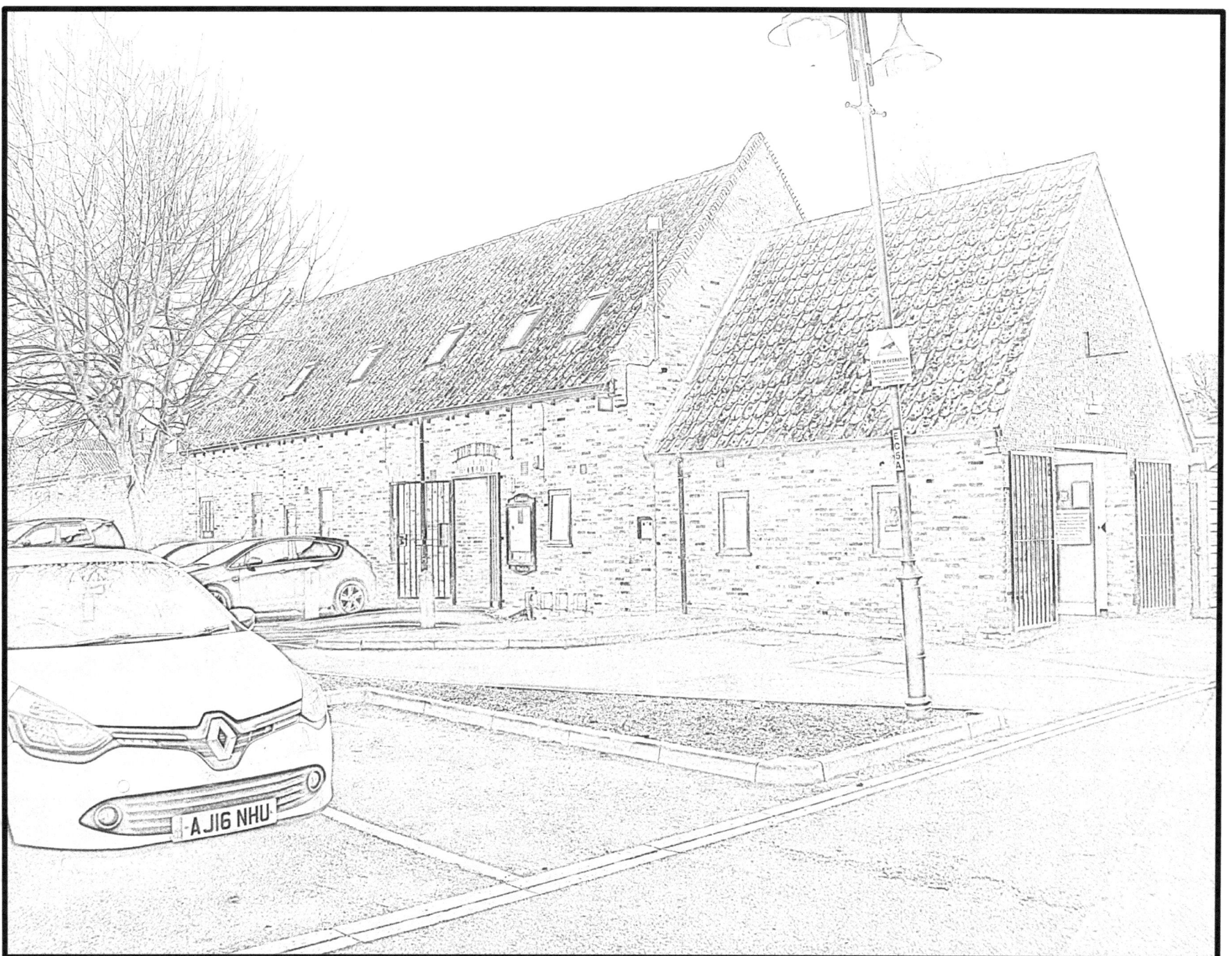

Place a number in each empty box so that each row, column, and nine-box square contains the numbers 1 to 9.

7	3						5	8
		4					2	
				7		5		
4		8			7	6	2	
	6	2			3			
3	9	7		2		4		
					9	6		
7	5	3			2		9	6
	8					7		2

Place two letters on the dashes to complete a word on the left and to begin another word on the right. For example, SE in between PLEA and VEN would complete PLEASE and begin SEVEN.

1. f l a _ _ a t i n g

2. d i _ _ h o o l s

3. a u _ _ i l w a y

4. c h u r _ _ e m i s t

5. v i l l a _ _ e s e

The below messages are in a number code based on how text messages are formed on a 'flip phone'. Each number represents one of the letters shown on the picture of the phone to the left. You must decide which one. A number is not necessarily the same letter each time.

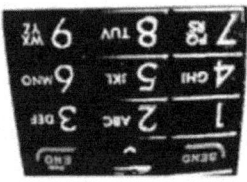

1. 843 8455243 7446 927 6744462559 3662833 86 843 94 46 1984

2. 46 1947 548853 7678 423 2 8377 4253 35663

Enter a single letter in each blank square in the diagrams below to form interlocking answers, each of which spell out distinct common words that differ only by the given pairs. See the example below to get a better idea. With the given arrangement of letters and blanks HOLE and HOST can be formed. More than one pair of words may appear to be possible, however the interlocking word will help eliminate the possibilites.

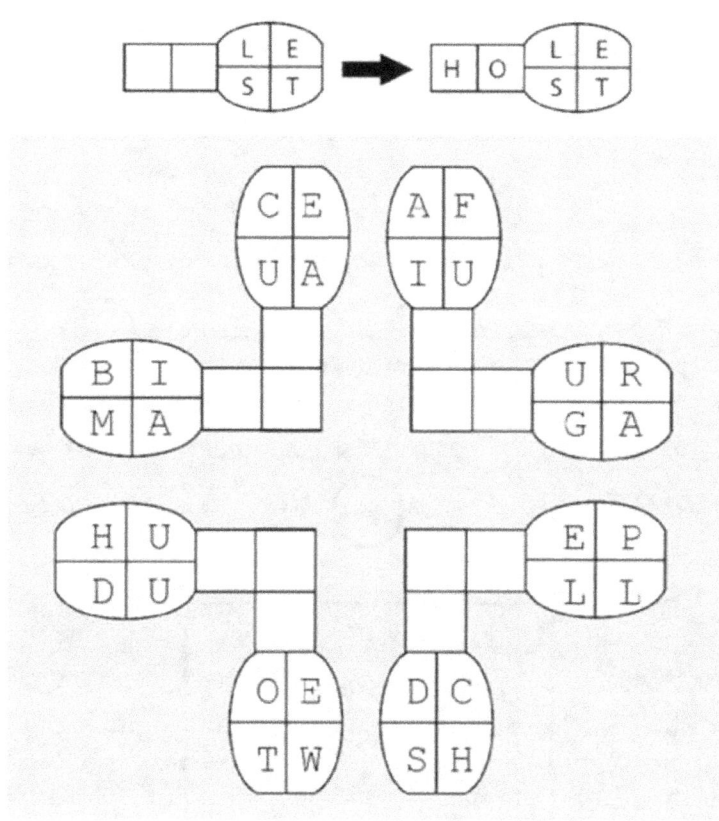

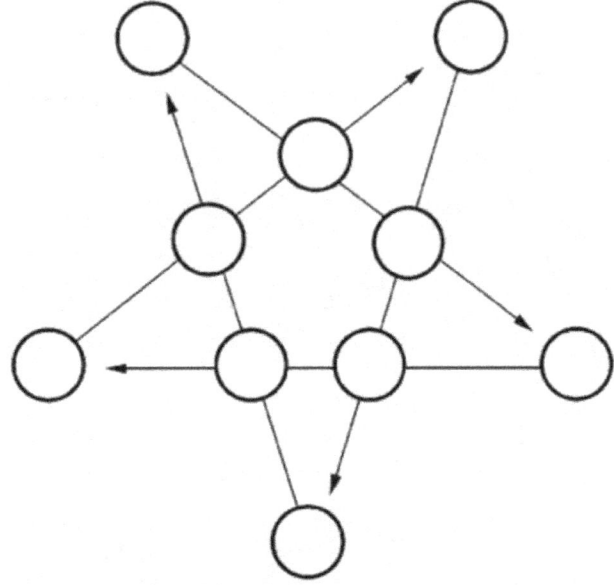

dove	seal
rots	fore
less	sail
lieu	uses

For this puzzle, only five of the eight words given will fit together in the diagram. Fill each circle with one letter so that the words read in the directions indicated by the arrows.

Fill in the diagram with the 5-letter answers to the clues. The numbers before the clues tell you where each word begins and ends. When completed, the line down the center of the diagram will spell out another word.

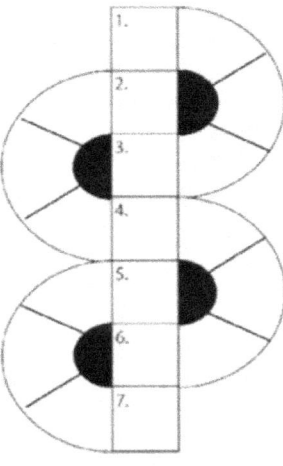

1 to 3: twelve

2 to 4: an important happening

4 to 6: guided sightseeing trip

5 to 7: enter data in a computer

The following words can be found in the diagram below reading forward, backward, up, down and diagonally. Find the words and circle them.

wheat	swans
dentist	barber
church	harvesting
tiger	event
boats	bargain
riots	farmers

```
J V W H E A T M B O A T S C Q S
B B Q S B M H I X G B P L P W D
H X L L A T W B M B S K K O E W
N C H U R C H E O O G E H N S M
B P P S B Q F E G C M T T E N H
A X X K E Z J L S U W I G R J A
R L F Y R R K F K X S G U A P R
G L G T S I G W W T E E U G R V
A E E R W Y O D P Y P R V W I E
I H G B E R S D V S T H Y S O S
N N A G V R T W C X Q J B W T T
U B Y T E P B I N R E J Y A S I
L L Q M N O G I I O G V O N N N
O L R Q T M C Z O W B M P S Q G
O A Y E F D O D O Z U D G C L U
F I G J W V V M H X M V T N I J
```

Place a number in each empty box so that each row, column, and nine-box square contains the numbers 1 to 9.

						5	7	4
2	7	4		9	5		3	
1				6				2
8			2		9			5
	4		3			2		7
3			6		1		8	9
					4			1
		9	5	3	6			
					2	9		3

DRAW YOUR OWN

DRAW YOUR OWN

DRAW YOUR OWN

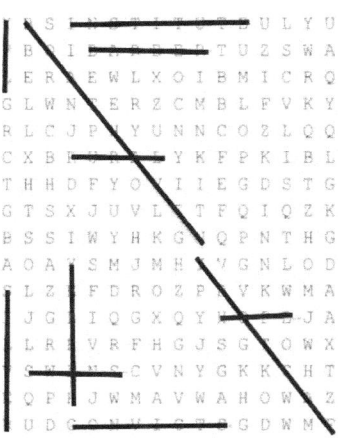

1. Sqy Vjssvyenbs Bjnsp zyby jt 1816

   The Littleport Riots were in 1816

2. Ypk jtn asjfxjfmksz ar fju c Pksaycmk Lkfysk

   The old ironmongery is now a Heritage Centre

3. Iajpj yjpj 215 eqzwhx adqkjk hc Whliwjedpi hc 1900

   There were 215 public houses in Littleport in 1900

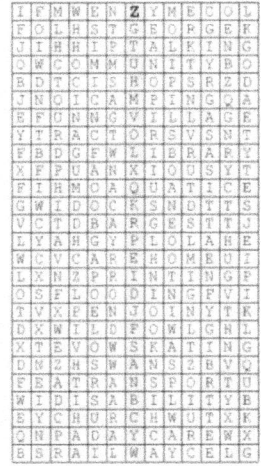

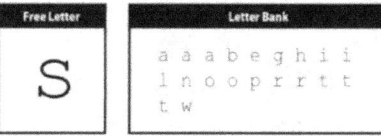

1. b o a t s
2. t i g e r
3. s h o p s
4. t r i a l
5. s w a n s

the swan

on the river

used to be

called the

black horse

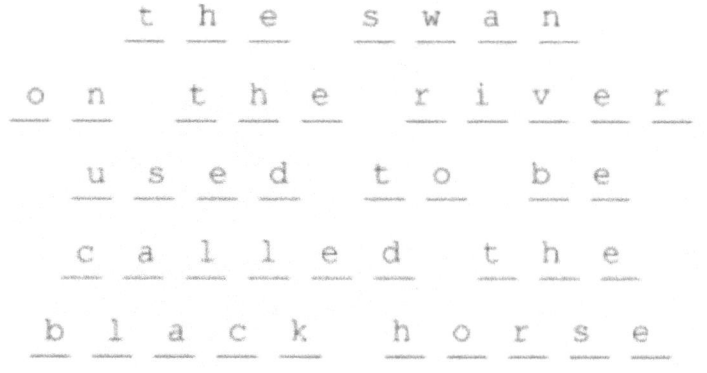

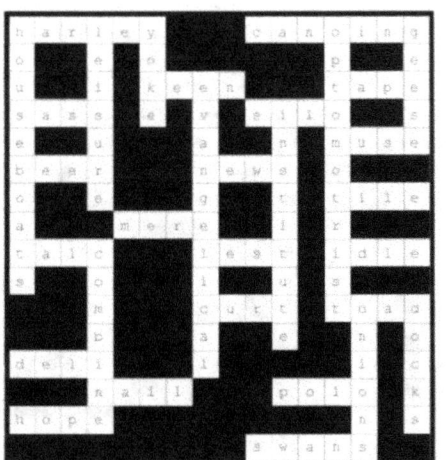

1. REHFQXB =   FACTORY

2. XEZPSEB =   RAILWAY

3. HEUQZUA =   CANOING

4. ELMEFZH =   AQUATIC

5. TEBHEXO =   DAYCARE

6. NQWQ =   HOPE

7. PZFFPOWQXF =   LITTLEPORT

8. ZUJFZFMFO =   INSTITUTE

8	5	9	2	6	4	3	7	1
1	4	7	3	5	8	2	6	9
2	3	6	7	9	1	8	5	4
4	1	8	5	7	9	6	2	3
5	6	2	4	8	3	1	9	7
7	9	3	1	2	6	4	8	5
9	2	4	6	1	7	5	3	8
3	7	5	8	4	2	9	1	6
6	8	1	9	3	5	7	4	2

1. f l a s̲ k a t i n g

2. d i s c̲ h o o l s

3. a u r̲ a̲ i l w a y

4. c h u r c̲ h e m i s t

5. v i l l a g̲ e̲ s e

1. 843 8455243 7446 927 6744462559
   3662833 86 843 94 46 1984

   The village sign was originally donated to the
   WI in 1984

2. 46 1947 5488537678 423 2 83774253
   35663

   In 1947 Littleport had a terrible flood

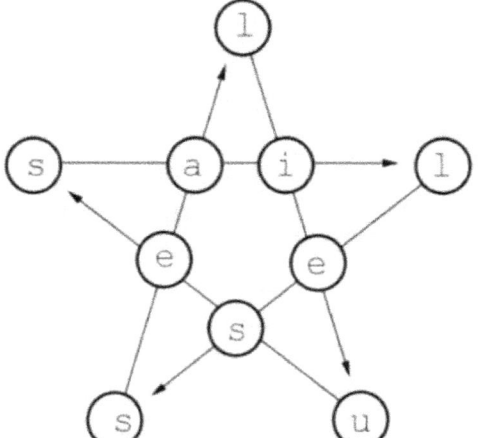

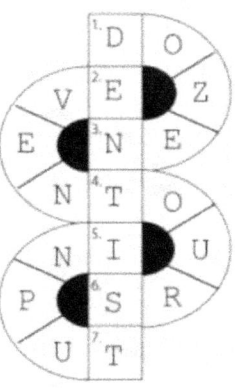

1 to 3: twelve

2 to 4: ab important happening

4 to 6: guided sightseeing trip

5 to 7: enter data in a computer

```
J V W H E J T M P O A T O C Q S
B B Q S P M H I X G B P L P W
H X L L A T W B M B S K K O W
N W H U G H E O O G E H Y S M
P P S A Q F E G C M E N H
X X K F Z J L S U W U A P
L F Y R K F K X U A P
L G T S I G W W Z E U G E
E E R W Y O D P Y P V W
H G B R D V S T H Y S
N A G T W C X Q J B
U B Y T P B I N R E J Y A
L L Q T O G I I O G V O N
O L Q M C Z O W B M P Q
O Y E F D O D O Z U D G C L U
I G J W V V M H X M V T N I J
```

6	9	8	1	2	3	5	7	4
2	7	4	8	9	5	1	3	6
1	3	5	4	6	7	8	9	2
8	6	7	2	4	9	3	1	5
9	4	1	3	5	8	2	6	7
3	5	2	6	7	1	4	8	9
7	2	3	9	8	4	6	5	1
4	1	9	5	3	6	7	2	8
5	8	6	7	1	2	9	4	3